Wesen und Wirken der Kristalle

Isabel Silveira

Wesen und Wirken der Kristalle

*Die Arbeit mit Kristallen
erleben und verstehen*

EDITION CAIRN ELEN

Herausgegeben von
Anja und Michael Gienger

Hinweis des Verlages

Die Angaben in diesem Buch sind nach bestem Wissen und Gewissen zusammengestellt, und die beschriebenen Wirkungen der Steine wurden vielfach erprobt. Da Menschen aber unterschiedlich reagieren, können Verlag und Autorin im Einzelfall keine Garantie für die Wirksamkeit oder Unbedenklichkeit der Anwendungen übernehmen. Bei ernsthaften gesundheitlichen Beschwerden wenden Sie sich bitte an Ihren Arzt oder Heilpraktiker.

2. Auflage 2019

© Isabel Silveira, 2007

Die Originalausgabe erschien 2007 unter dem Titel
»Ampliado nossa visão do Reino Mineral« im Verlag Totalidade, Sao Paulo.

Aus dem Portugiesischen von Marie Esch
Lektorat: Anja und Michael Gienger

© für die deutsche Ausgabe: Neue Erde GmbH, Saarbrücken 2009
Alle Rechte vorbehalten.

Fotos: Manfred Feig
Umschlaggestaltung: Dragon Design, GB

Satz und Gestaltung:
Dragon Design, GB
Gesetzt aus der Hiroshige

Gesamtherstellung:
Appel + Klinger, Schneckenlohe
Printed in Germany

ISBN 978-3-89060-522-7

Neue Erde GmbH
Cecilienstr. 29 · 66111 Saarbrücken · Deutschland · Planet Erde
www.neue-erde.de

MIX
Papier aus verantwortungsvollen Quellen
FSC
www.fsc.org
FSC® C100257

Danksagung

Meine große Dankbarkeit, Anerkennung und Liebe gilt

der großen Göttin,

Mutter Erde,

und dem Volk der Steine.

Genauso danken möchte ich
– Ilse Whately Simoes (in memorian) und Beatriz Simões do Amaral,
die, ohne es zu wissen, einen Samen gepflanzt haben, der aus mir die
Person gemacht hat, die ich heute bin.

– Antonio Duncan (in memorian),
meinem ewigen Meister der Kristalle

– Mano und Cláudia vom »Espaço Zym«, für das Vertrauen und die
Möglichkeit mit ihnen den Raum zu teilen, um gemeinsam kristalline
Erfahrungen zu sammeln.

– allen meinen Schülern, besonders Manfred und Silvia,
die verantwortlich für das Entstehen dieses Buches sind.

Inhalt

Kristalle in alphabetischer Reihenfolge

VORWORT

Lieber Leser,

dieses kleine Buch ist durch das Bestreben meiner Schüler, insbesondere durch Manfred Feig und Silvia Guerra entstanden. Sie, liebe Leser, können sich vielleicht vorstellen, was es für mich als jemanden ohne pädagogischen Hintergrund bedeutet, auf diese Art und Weise die positiven Früchte meiner Lehrtätigkeit zu sehen.

Ich bin sehr, sehr glücklich!

Meine lieben Schüler haben sofort verstanden, was das wesentliche Merkmal dieses Buches ist: die sachliche und tiefgehende Art und Weise der Kristallbeschreibungen.

Unsere Probanden haben es möglich gemacht, dass Sie, lieber Leser, anhand von Bildern und Grafiken sicher und schnell die unterschiedlichen Formen der verschiedenen Quarzarten auseinanderhalten können. Die energetischen Eigenschaften, die jeder Form innewohnen, sind mit einfachen Worten kurz und knapp beschrieben.

Alle hier gesammelten Daten sind die Früchte meiner Studien, besonders die mit Meister Antonio Duncan, sowie meine eigenen unmittelbaren Erlebnisse und Erfahrungen mit dem Reich der Mineralien. Ein Beispiel dieser Beziehung ist die Bezeichnung »Kristall-Aggregat«, die während meiner Beschäftigung mit diesen Kristallgruppen in meinem Geist aufstieg. Die herkömmliche Bezeichnung im Englischen, »barnacle crystal«, erfuhr ich erst viel später.

Kristalle sprechen die Seele jedes Einzelnen von uns an, in einer einzigartigen und exklusiven Weise. Sie »rufen« uns. Sie ziehen uns an, gehen in Resonanz mit unserem gegenwärtigen Befinden und Erleben und entsprechen unserer derzeitigen Fähigkeit, Informationen, Veränderungen und Transformationen verstehen und verarbeiten zu können.

Also, liebe Leser und Leserinnen, alle in diesem Buch enthaltenen Informationen können und sollen von Ihnen ergänzt werden. Ich glaube nicht, dass es absolute Wahrheiten gibt, oder, dass irgendein Aspekt unserer Existenz als richtig oder falsch bezeichnet werden kann. Dies gilt im Besonderen im Zusammenhang mit den Kristallen. Es existiert nur das, was für jeden Einzelnen von uns in einem bestimmten Moment des Lebens gut und wahrhaftig ist.

Möge das unendliche Licht Ihre Schritte auf Ihrer Wanderung in die Welt der Kristalle leiten.

Isabel Silveira
Frühling 2007

EINLEITUNG

Archäologische Ausgrabungen zeigen, dass die Menschheit schon seit dem Altertum Edelsteine verwendete und auch in irgendeiner Form zu nutzen wusste.

Fortschritt und neue Technologien brachten das Wissen um die Kraft der Steine zurück in unseren Alltag; eine Kraft, die nicht mehr verleugnet werden kann: Kristalle werden heute in Computerchips, in Ultraschallgeräten und in vielen anderen elektronischen Präzisionsgeräten verwendet.

Der Kristall ist bekannt als ein exzellenter Energieleiter – er ist der natürlichste und makelloseste.

WIE HELFEN UNS KRISTALLE?

Kristalle sind Empfänger

Ein Kristall funktioniert wie ein Empfänger in einem Radiogerät: Er entstört Interferenzen und ermöglicht uns, wieder in Übereinstimmung mit unserer natürlichen Frequenz zu gelangen.

Kristalle reinigen unseren Energiefluss, indem sie unser elektromagnetisches Feld neu ordnen und somit ein harmonisches Gleichgewicht wiederherstellen.

Kristalle fördern die Wiederausrichtung auf unser eigenes Wesenslicht, unsere Fähigkeit zum harmonischen Umgang mit den aktuellen Themen unserer Arbeit bzw. unseres Lebens.

Kristalle sind »gebündeltes Licht«

Ein Kristall ist ein Portal des Lichts mit vielen Facetten, entstanden aus dem kosmischen Staub eines unendlichen Universums, das uns unzählige Dimensionen des Lebens zeigt.

Kristalle zeichnen sich durch ihre Reinheit und die perfekte Harmonie ihrer inneren Ordnung aus, ihre Moleküle schwingen alle in einer einheitlichen Frequenz.

Daher kann das elektromagnetische Feld eines Kristalls eben diese Klarheit und Ordnung in die Umgebung ausstrahlen, sei dies ein Ort, ein Mensch, ein Tier oder eine Pflanze.

Dies funktioniert durch die bloße Präsenz des Kristalls, unabhängig davon, ob wir daran glauben oder nicht.

Die Wirkung der farblichen und chemischen Eigenschaften des Kristalls

Farben sind feine Lichtfrequenzen verschiedenster Schwingungsbereiche, die unmittelbar Einfluss auf das menschliche Bewusstsein nehmen. Aufgrund seiner Reinheit kann ein Kristall eine Vielzahl unterschiedlicher Lichtfrequenzen absorbieren, reflektieren und wieder ausstrahlen, sie somit an den menschlichen Organismus und das Bewusstsein weiterleiten.

Diese Wirkungsweise beruht auf der chemischen Zusammensetzung von Kristallen, die den Mineralstoffen im menschlichen Organismus entspricht. So finden wir Elemente wie Calcium, Magnesium, Kupfer, Fluor, Silizium usw. in Mensch und Kristall.

Die Homöopathie erklärt diese Wechselwirkung mit ihrem Lehrsatz: »Ähnliches heilt Ähnliches.«

Die
Familie
der Quarze

Quarze gehören zu den Mineralien, die auf der Erde am häufigsten vorkommen. Sie zeichnen sich durch vielfältige Varietäten bezüglich ihrer Form und Farbe aus.

Dieses Buch konzentriert sich auf einen kleinen Teil dieser großen Familie: den Bergkristall, den Citrin, den Amethyst, den Rauchquarz, den Mandarinenkristall (orangefarbener Hämatitquarz) sowie den Rosenkristall (rosafarbener Hämatitquarz).

Ich habe diese Steine ausgewählt, da sie deutlich machen, in welch unterschiedlicher Weise Quarze ihre Natur offenbaren. Dies wird im Kapitel »Die Kristalle und ihre Formen« noch deutlicher.

BERGKRISTALL

- stahlt reines, weißes Licht aus, das alle anderen Farben enthält.

- Ihn kennzeichnet eine perfekte Form, harmonisch im Einklang mit der kosmischen Energie.

- Bergkristall kann als »festgewordenes Licht « bezeichnet werden.

- Er wirkt auf allen Ebenen: physisch, ätherisch, emotional, mental und spirituell:
  - Blockaden lösend
  - reinigend
  - ausgleichend
  - aktivierend
  - ausdehnend
  - schützend

- Bergkristall wirkt auch in einem Raum bzw. auf eine Umgebung und kann zur Reduzierung oder besseren Verträglichkeit gesundheitsschädlicher Strahlung verwendet werden.

Beispiele:

MANDARINENKRISTALL

Mandarinenquarz (oranger Hämatitquarz)

- ist ein transparenter Quarzkristall mit feinen Hämatiteinschlüssen oder -auflagerungen in hell- bis intensiv-orangenem Ton.

- kanalisiert und verankert kreative Energie auf der materiellen Ebene.
  - bezieht sich auf alle Ebenen der kreativen Energie: von seelischer Kreativität bis hin zur pragmatischen lösungsorientierten Kreativität.

- weckt und stimuliert unseren kreativen Ausdruck auf allen Ebenen.
  - vermittelt Klarheit, Orientierung und Ausrichtung, um diese kreative Energie praktisch umzusetzen.

- erzeugt Wärme, stimuliert Bewegung und vermittelt Freude.

Beispiele:

AMETHYST

- ist meist transparent, Farbtöne variieren von tiefem Schwarzviolett bis hellem Lavendel.

- Am gebräuchlichsten ist die Amethystdruse oder das Drusenstück.

- Einzelspitzen sind selten natürlich gewachsen und ungeschliffen, üblicherweise sind sie geschliffen.

- Amethyste mit speziellen Kristallformen, wie sie in diesem Buch beschrieben werden, sind extrem selten.

- Amethyst eignet sich hervorragend zur Meditation
  - beruhigt die Gedanken, bringt Stille in den Geist
  - bringt das Bewusstsein von beständiger mentaler Aktivität zu Ruhe und innerem Frieden.

- Amethyst wandelt negative Energien oder Unausgeglichenheit zu liebevollem inneren Frieden.
  - Amethystdrusen sind hervorragend für öffentliche Räume, wie z.B. Wartezimmer von Firmen und Praxen, für Eingangshallen und Toiletten bzw. Waschräume geeignet.

- Auf Grund seiner beruhigenden Eigenschaften ist Amethyst vor allem in stressigen und spannungsreichen Situationen und Zeiten von großer Hilfe:
  - bei Angstgefühlen
  - bei Gemütsschwankungen
  - bei Reizbarkeit und Ungeduld
  - bei Schlaflosigkeit
  - bei Alpträumen und unruhigem Schlaf
  - bei Migräne und Kopfschmerz

- Allgemein kann Amethyst zur Behandlung folgender Körperregionen eingesetzt werden:
  - für das Nervensystem
  - bei Störungen des Verdauungstraktes, wie Gastritis und Entzündungen
  - bei Hautproblemen, vor allem bei Akne

AMETHYST

- generell bei Entzündungen
- zur Fiebersenkung

• Seit der Antike wird Amethyst zur Behandlung von Trunkenheit verwendet.

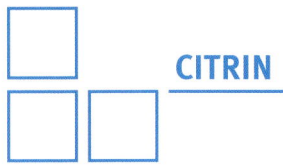

CITRIN

- kommt in Farbtönen von blassem Gold bis warmem Goldbraun vor.

- manifestiert goldenes Licht auf der physischen Ebene.

- Seine Energie wirkt wie die Sonne: erwärmend, tröstend, energetisierend und lebensspendend.

- aktiviert und stärkt unser inneres Licht, erschafft eine positive und starke Aura.

- erzeugt immer Dynamik und Lebendigkeit, unabhängig vom Ort oder der Art der Anwendung.

- verbessert unsere Selbstachtung und eine neutrale Selbstwahrnehmung.

- stimuliert und aktiviert sämtliche Körpersysteme.

- stärkt den physischen und psychischen Leib.

- unterstützt seelische und körperliche Verarbeitungs- und Verdauungsprozesse.

- Citrin hilft bei Depressionen, Erschöpfungszuständen, in der Rekonvaleszenz sowie in seelischen Krisen. Er unterstützt uns, unser inneres Licht zu aktivieren, um die Probleme und Herausforderungen des Lebens zu meistern.

- Ein besonderer Tip: Tragen Sie einen Citrin bei sich, wenn es gilt, einen negativen emotionalen oder mentalen Zustand zu überwinden wie z. B. Wut, Eifersucht, Ärger, Unsicherheit, Angst, Ohnmacht, Versagensangst, Traurigkeit oder Missmut.

CITRIN

Beispiele:

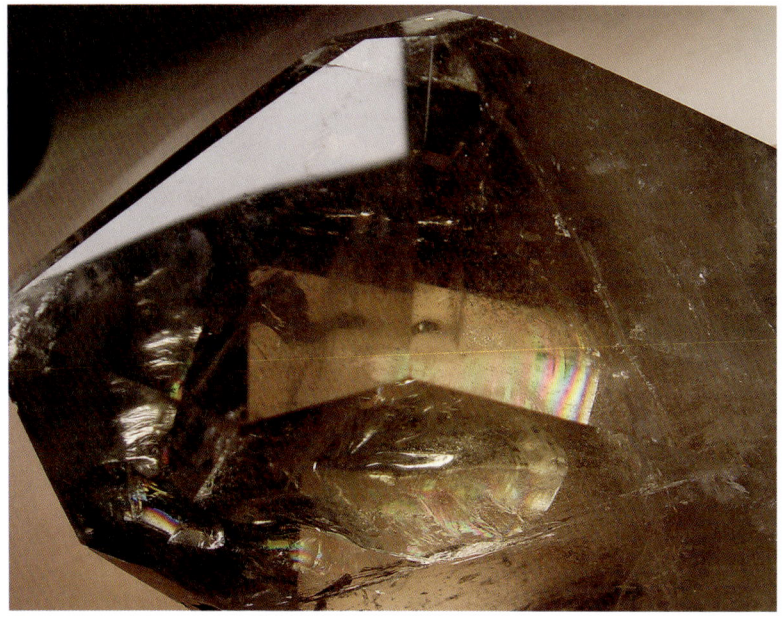

RAUCHQUARZ

- Rauchquarz ist meistens transparent und kommt in hellgrauen über bräunliche bis hin zu schwarzen Farbnuancen vor.

- Er kanalisiert und verankert das Licht auf der materiellen Ebene.

- Rauchquarz wirkt lösend und wiederaufbauend:
  - Langsam, Schicht für Schicht und Ebene für Ebene, löst er mit hochfrequenten Schwingungen negative Muster und verkrustete Strukturen, die uns nicht mehr dienen.
  - Danach, beginnend an der Basis, baut er Schicht für Schicht, Ebene für Ebene, eine neue Struktur auf.

- Rauchquarz fördert Zuverlässigkeit, Stabilität und Widerstandsfähigkeit.

- Seine Energie unterstützt das Planen, Strukturieren und Durchführen.

- Er hilft, die eigenen Werte klar und objektiv zu definieren.

- Rauchquarz unterstützt die Fähigkeit, Situationen oder Lebensumstände sowie unsere Grenzen klar zu erkennen und zu verstehen, er hilft uns dabei diese Situationen zu meistern:
  - Er unterstützt uns, »auf den Boden der Tatsachen« zu gelangen, hindert uns, uns in Illusionen und Selbsttäuschung zu verlieren. Gleichzeitig bestärkt er uns, reale Möglichkeiten konkret und tatkräftig zu nutzen.
  - Seine Qualität, Licht auf der materiellen Ebene zu kanalisieren und zu verdichten, macht den Rauchquarz zu einem exzellenten »Schutzschild«.

- Rauchquarz verbessert unsere Fähigkeit, Neues zu entdecken und voranzubringen.

- Er unterstützt uns darin, die notwendigen materiellen Bedingungen zu schaffen und zu bewahren.

RAUCHQUARZ

Rauchquarz (brauner, grauer bis schwarzer Kristallquarz)

Beispiele:

ROSENKRISTALL

- ist ein transparenter Quarzkristall mit feinen Hämatiteinschlüssen oder -auflagerungen in rosafarbenem bis hellrotem Ton.

- kanalisiert und verankert die Energie der reinen Liebe auf der physischen Ebene.

- weckt und stimuliert die uns eigene liebende Kraft.

- Seine sanfte Energie wirkt tröstend, beruhigend und beschützend.

Die Erscheinungsformen der Kristalle

Viele Autoren, zumindest die in Brasilien bekannten, verwenden den Begriff »Meisterkristall« ausschließlich für bestimmte Bergkristalle, die besondere Charakteristiken in ihrer Form oder ihrer geometrischen Struktur aufweisen. Einige dieser speziellen Kristalle werden in diesem Buch besprochen: Mediale Kristalle, Transmitter-, Fenster-, Isis- und Laserkristalle, Kathedralenquarze, Tantrische Zwillingskristalle und Dow-Kristalle.

Als praktizierende Schamanin lernte ich, dass jedes Wesen ein Lehrer sein kann und dass alle Wesen zur Familie der Mutter Erde gehören. Alles, was existiert, ist heilig, denn alles ist eine Manifestation der Schöpfung. Begriffe wie »Großvater Sonne«, »Volk der Steine« und »stehendes Volk« (Bäume) drücken unseren Respekt vor ihrer heiligen Mission aus, die ihnen vom »Großen Geheimnis« übertragen wurde. Das Indianervolk nennt dies »die Medizin«.

In Anbetracht dessen und mit großer Demut sehe ich alle Kristalle, jede einzelne Spezies des Mineralienreiches, als einen »Meister«, einen »Lehrer« an, denn jeder einzelne besitzt seine besondere »Medizin«, die uns zur Verfügung steht, um uns auf unserem Lebensweg zu unterstützen.

Die Kombination der Farben, Charakteristiken, Kristallstrukturen, besonderen Merkmale und verschiedenen Texturen lädt uns ein in ein Universum voller Informationen und Magie. Kombiniert mit unseren persönlichen Empfindungen eröffnet sich eine neue Sichtweise und ein anderes Verständnis des Lebens – in der schamanischen Sprache: Heilung.

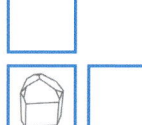

Medialer Kristall (Channeling-Kristall)

- Er besitzt eine größere, siebenseitige Spitzenfläche (Heptagon) sowie direkt gegenüberliegend eine dreiseitige Spitzenfläche.

- Die Medialen Kristalle lehren uns, mittels unserer eigenen Weisheit unser inneres Licht zu erkennen und zu kanalisieren.

Beispiel:

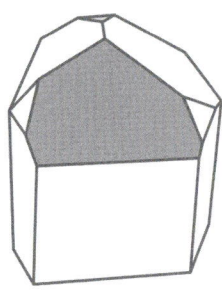

Ein Kristall mit einer großen, siebenseitigen Fläche und einem gegenüberliegenden Dreieck.

TRANSMITTERKRISTALL

- zeigt an der Spitze ein perfektes Dreieck mit zwei seitlich anschließenden siebenseitigen Flächen

- übermittelt menschliche Gedankenformen so an das universelle Bewusstsein, dass diese empfangen und beantwortet werden.

- Hauptfunktion: Dieser Kristall lehrt uns, »zu bitten und zu empfangen«.

  - Von grundlegender Wichtigkeit ist, uns auf klare Art und Weise dem Universum mitzuteilen und ebenso klar mögliche Antworten zu empfangen.

  - Unsere Gedanken erschaffen unsere stoffliche Wirklichkeit: Wir haben genau das, was wir dem Universum übermitteln bzw. um was wir bitten.

  - Wenn wir nicht das haben, was wir wollen, ist es gut möglich, dass wir unsere Absichten nicht klar genug festgelegt und übermittelt haben oder noch nicht genug Kraft in der Absicht haben, um die Wirkung unserer Gedankenprojektionen (unseres Gebetes) in unserem Leben zu manifestieren.

Beispiele:

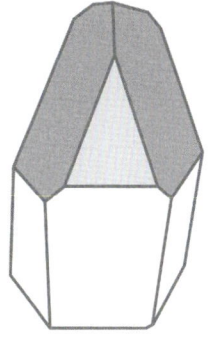

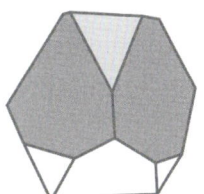

Kristall mit einer dreieckigen Spitzenfläche zwischen zwei siebenseitigen Flächen

Transmitterkristall von oben gesehen

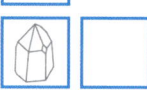
- Erkennbar durch eine rautenförmige Fläche zwischen den Spitzen- und Seitenflächen.
  - Diese Raute ist natürlich gewachsen, sie wird von vielen Autoren als »Diamant« bezeichnet.
  - Die Form des Kristalls steht für Ausgleich, Integration und die Synthese von Geist und Materie, von Oben und Unten, Innen und Außen, des Höchsten und Niedrigsten.

- Er führt uns hinter alle Masken unseres Ichs zu unserer göttlichen Essenz.
  - Reflektiert auch die Unzulänglichkeiten und Schatten, die uns daran hindern, unsere göttliche Essenz, unser wahres Selbst auszudrücken.

- Er ist tatsächlich ein Spiegel: Klar und wahrhaftig sendet er genau das an das menschliche Bewusstsein zurück, was er empfängt.
  - Er hält keine Eindrücke zurück, zeichnet keine Informationen auf.
  - Er reflektiert nur denjenigen, der ihn betrachtet. Oder, mit anderen Worten, du wirst nichts von jemanden sehen oder aufnehmen, der vor dir diesen Kristall verwendet hat.
  - Gleichgültig, in welcher Beziehung wir mit uns selber stehen, wir werden *uns* sehen: unser Licht und unseren Schatten.

- Um mit diesem Kristall zu arbeiten, müssen wir uns eine nicht wertende Geisteshaltung erarbeiten: Der Meister Fensterkristall offenbart uns lediglich eine Seite, einen Aspekt von uns selbst, den es zu prüfen gilt. Um mit diesen Inhalten, den Spiegelungen des Kristalls, umzugehen, ist es notwendig, uns von Gedanken, Gefühlen und sämtlichen Verhaltensmustern zu befreien, die uns daran hindern, unser Leben selbstverantwortlich und wahrhaftig zu leben. Damit meine ich, unser Selbst, unser Wesenslicht, im Leben zu entfalten.

- Der Fensterkristall vergrößert seine Kraft in dem Maße, in dem er verwendet wird.

- Er zieht an und wird angezogen von denjenigen, die sich intensiv mit sich selbst auseinandersetzen möchten.

- Ein Fensterkristall ist relativ schwer zu finden.

FENSTERKRISTALL

Beispiele:

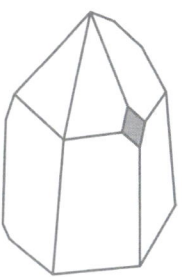

Die Zeichnung verdeutlicht die Raute (den »Diamanten«) zwischen zwei Spitzen- und zwei Seitenflächen.

Fensterkristall in der Kristall-spitze einer Bergkristallgruppe

31

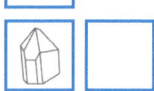
- Isis ist eine Göttin des Alten Ägypten. Sie personifiziert das Prinzip der weiblichen Kraft, sie steht für die Kraft der Selbstheilung, für innere Stärke und für die Fähigkeit eines der tiefgreifendsten Kümmernisse des Menschen zu überwinden: den gewaltsamen und ungerechten Tod eines geliebten Menschen. Sie personifiziert Entschlossenheit, Beharrlichkeit und die Kraft zur Neuorientierung.

- Kennzeichnend für einen Isiskristall ist eine fünfseitige Spitzenfläche (Pentagon). Ausgehend von einer unteren horizontalen Linie, streben zwei kurze Seitenlinien des Pentagons schräg nach oben, an die sich zwei längere, nach innen gerichtete Linien anschließen. Diese treffen sich in einem spitzen Winkel und vollenden das Fünfeck. Je genauer dabei die Symmetrie zwischen den gegenüberliegenden Seiten des Pentagons ist, desto ausgewogener und reiner ist die Energie des Kristalls.

- Ein Isiskristall repräsentiert das Prinzip der universellen Weiblichkeit, er symbolisiert die Göttin.

- Er personifiziert die weibliche kreative Kraft des Empfangens und Gebärens.

- Er aktiviert und integriert die Kraft der inneren Göttin.

- Isis repräsentiert:
  - die unerschöpfliche und fruchtbare Erneuerung allen Lebens
  - Bestimmung
  - Beständigkeit
  - Neuorientierung des Lebens
  - den Sieg der Wahrheit und Gerechtigkeit
  - Entschlossenheit und Willenskraft, das Schlechte zu besiegen
  - den Mut, die Wahrheit zu verteidigen
  - den Mut, Fehler zu korrigieren
  - innere Stärke
  - die Kraft der Selbstüberwindung.

- Verwendung:
  - bei Depression

- beim Verlust eines nahestehenden Menschen, vor allem im Falle eines gewaltsamen Todes, etwa bei Katastrophen, Verbrechen oder Unfällen usw.
- zur Heilung des Gefühls, ungerecht behandelt worden zu sein, sei es vom Leben oder von Gott.
- bei einer gerade diagnostizierten schweren Krankheit, für die Überwindung des ersten Schocks
- in Situationen, bei denen eine Person einen großen finanziellen Verlust erleidet, die Arbeitsstelle oder ihren Status verliert.
- Hilft Situationen zu meistern, in denen jemand unter irgendeiner Form von Ungerechtigkeit leidet.

Beispiele:

Verschiedene Isiskristalle

Seltener Kristall mit zwei Isis-Flächen in einer Spitze

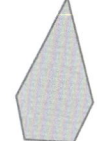

Die fünfeckige Fläche des Isiskristalls im Detail

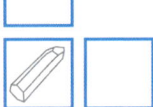

LASERKRISTALL

- Diese Kristalle enthalten das Geheimnis des Laserstrahls.

- Herkunft: Laserkristalle entstammen dem Sternenhimmel. Sie wurden auf die Erde gebracht und vor allem in lemurischen Heilungstempeln verwendet.
  - Sie besitzen nicht nur das Wissen alter Zivilisationen, sondern auch das des Universums, aus dem sie stammen.
  - Oft zeigen sie Zeichnungen oder Markierungen, die sie von allen anderen Kristallen deutlich unterscheiden und an Hieroglyphen erinnern.
    - Diese speziellen Laserkristalle wurden in lemurischen Tempeln zur Heilung verwendet.
    - Die Zeichnungen und Merkmale sind Aufzeichnungen des Kristalls selbst, von den im Laufe der Zeit entstandenen Erfahrungen und seinem gesammelten Wissen über die menschliche Natur und deren Heilung.
    - Je öfter ein Kristall zu Heilungszwecken verwendet wurde, desto größer ist das Wissen, das er enthält, und desto vielfältiger sind seine Merkmale.

- Laserkristalle haben oft eine flache Form (wie eine Brücke, die uns mit unserem höheren Selbst verbindet).

Einige der gebräuchlichsten Anwendungen:

- das Erschaffen eines Kraftfeldes oder eines Schutzschildes um Personen und Orte:
  - vor Ort: Umschließe das Objekt, den Ort oder die Person mit Laserkristallspitzen, die nach außen gerichtet sind.
  - mit Hilfe eines Mandalas: Lege ein Symbol dessen, was beschützt werden soll, ins Zentrum von einigen Lasern, die mit den Spitzen nach außen gerichtet sind.

- Unsichtbarkeit
  - Wir können nicht tatsächlich verschwinden, aber ein Laser kann ein sehr starkes Licht um uns herum projizieren, das von anderen nicht

LASERKRISTALL

durchdrungen werden kann, und dadurch die Illusion des Verschwindens erzeugen.

- Ein Satz zum Nachdenken: »Die Kunst der Unsichtbarkeit wohnt im Vermindern der Anziehung.«

Laserkristalle: Verschiedene Laserspitzen aus Bergkristall, Mandarinenkristall, Citrin und Rauchquarz. Es gibt auch manche aus Rutilquarz.

KATHEDRALENQUARZ

- Beim Kathedralenquarz fügen sich verschiedene kleinere Kristallindividuen auf einem größeren »Mutterkristall« zu einer kathedralenähnlichen Einheit mit vielen »Türmchen« und »Erkern« zusammen.

- Es gibt Kathedralenquarze aus Bergkristall, Citrin und Rauchquarz.

- Kathedralenquarze sind wahre kosmische Computer, die sämtliche Daten aus allen Epochen bewahren, ähnlich der »Akasha-Chronik«, in der jeder Gedanke, jedes Wort und jede Tat von jedem Lebewesen durch alle Zeiten hindurch gespeichert ist.
  - Sie sind wahre »Bibliotheken«, die das heilige Wissen beinhalten, geschrieben in der Sprache des Lichts.
  - Sie zeichnen lediglich Gedankenstrukturen auf, die in Einklang mit der göttlichen Intelligenz sind, mit dem Universellen Geist.
  - Die große Arbeit dieser Kristalle ist die Umwandlung dieses Wissens in eine Sprache, die für den menschlichen Geist verständlich ist.

- Beim einzelnen Individuum entwickelt und verstärkt ein Kathedralenquarz das Konzept des »heiligen Raumes«, die Idee eines Ortes, den wir in uns tragen und an den wir uns in Momenten der Besinnung zurückziehen können, um unseren innewohnenden Gott zu finden, den göttlichen Funken in unserem Herzen.

- Diese Kristalle versinnbildlichen zum einen die »Wohnstätte der Götter«, einen Platz, an dem das Göttliche erkannt und verehrt wird (eine Kathedrale), und zum anderen einen Ort des Wissens und Lernens (eine Bibliothek).

Achtung!

- Ein Generatorkristall ist ein Kristall mit einer einzelnen Spitze.

- Bei einem Drusenstück oder einer Kristallgruppe wachsen zwei oder mehr Kristalle aus einer gemeinsamen Basis.

- Ein Kathedralenquarz besitzt dagegen drei oder mehr Kristallindividuen, die sich auf einem zentralen Kristallkörper zu einer kathedralenähnlichen Einheit zusammenfügen.

Verschiedene Beispiele von Kathedralenquarzen mit drei oder mehr einzelnen Kristallindividuen auf einem zentralen Kristallkörper:

KATHEDRALENQUARZ

Kathedralenquarz

- Tantrische Zwillingskristalle bestehen aus zwei parallel verwachsenen Kristallen ohne erkennbare Trennung zwischen den beiden Individuen. Es finden sich also zwei Spitzen nebeneinander in einem Kristallkörper.

- Diese Kristalle beinhalten das Geheimnis der göttlichen Beziehung mit anderen Wesen.

- Die erste große Lehre solcher Kristalle bezieht sich auf die wichtigste Vereinigung in uns selbst: die Verbindung unserer Seele mit unserem inneren göttlichen Wesen.

  - Diese elementare Verbindung ist für jede Person grundlegend wichtig.

- Sobald wir in Verbindung mit unserer göttlichen Essenz sind, erkennen wir diese Essenz auch in anderen.

  - Wenn das geschieht, wird uns ein unmittelbares Wissen zuteil, das über Gedanken und Worte hinausgeht.

- Dieses Geschenk unserer Essenz bringt uns zugleich in Einklang mit der Essenz unserer Mitmenschen.

- Tantrische Zwillingskristalle übermitteln uns die Geheimnisse der Seelenpartner, so wie sie es möglich machen, mit dem anderen zu verschmelzen, ohne die eigene Identität oder persönliche Kraft zu verlieren.

- Im nächsten Schritt entdecken wir, dass es möglich ist, im Einklang mit allen Menschen, Lebewesen und Dingen zu sein.

  - Durch die direkte Verbindung mit der göttlichen Existenz erkennen wir die Einheit aller Erscheinungsformen, die derselben Quelle entstammen.

- Tantrische Zwillingskristalle, die einen Isiskristall beinhalten (siehe Seite 32 ff), versinnbildlichen die Vereinigung der Seele mit dem universellen weiblichen Prinzip.

Tantrische Zwillings-
kristalle im Naturzustand

Tantrische Zwillingskristalle:
zwei parallel verwachsene Kristalle ohne
erkennbare Trennung zwischen den Individuen. Es ist darauf zu achten, daß sich
zwischen den Kristallen von den Spitzen
bis zur Basis keine Trennfläche zeigt.

Tantrische Zwillingskristalle
aus Citrin

Tantrische Zwillingskristalle aus
Rosenkristall (Hämatitquarz)

DOW-KRISTALL

Der Name dieses Quarzes ist eine Hommage an Jane Ann Dow, eine große Erforscherin der metaphysischen Eigenschaften von Kristallen und eine Freundin von Katrina Raphael.

Ein weiterer gebräuchlicher Name ist »Trans-Channeling-Kristall«, da dieser Kristall im Wesentlichen zwei Eigenschaften vereint: die Übertragung und die Kanalisierung von Information und Energie.

An der sechsseitigen Spitze eines Dow-Kristalls wechseln sich drei Dreiecke und drei Siebenecke (Heptagone) rhythmisch ab (3:7:3:7:3:7).

- Das Thema dieser Kristalle ist das Sichtbarwerden geistiger Vollkommenheit in der materiellen Welt: Das Göttliche (symbolisiert durch die Dreiecke) offenbart sich uns durch das Gewahrwerden unserer inneren Wahrheit (symbolisiert durch die Siebenecke).

- Der Dow-Kristall überträgt die spirituelle Essenz auf die irdische Wirklichkeit, auf das, was man sehen, berühren und verstehen kann.

- Der Kontakt mit diesem Kristall bringt uns nach und nach das Verstehen, dass – grundsätzlich gesprochen – alles Existierende bereits vollkommen ist.
  - Wir können lernen, uns unserer vollkommenen spirituellen Kraft im Alltag bewusster zu werden.

Anwendung:

- In allen Situationen, in denen wir dem Anspruch auf Vollkommenheit gerecht werden wollen:
  - bei bewussten Veränderungen mentaler und emotionaler Prägungen.
  - in Beziehungen.
  - in Lebenssituationen, in denen wir z. B. Gerichtsprozesse, berufliche Auftritte oder Herausforderungen usw. bewältigen müssen.
  - zum Abschirmen unserer Aura, unseres energetischen Körpers sowie unseres physischen Körpers, um unsere Gesundheit zu erhalten und Heilungsprozesse zu unterstützen.

DOW-KRISTALL

Dow-Kristall (Trans-Channeling-Kristall)

Dow-Kristalle aus Citrin,
Bergkristall und Rauchquarz

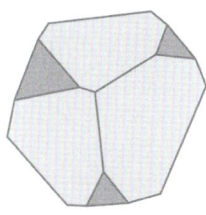

Ein geometrisch perfektes Muster: 7:3:7:3:7:3

Dow-Kristalle mit Phantomen,
auch bekannt als Schamanen-Dow-Kristalle

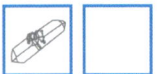

KRISTALL-AGGREGATE

- Kristall-Aggregate sind Kristalle, die ganz oder teilweise mit anderen kleinen Kristallen bedeckt sind.

- Der größere Kristallkörper ist eine »alte Seele«, die Wissen und Zuverlässigkeit ausstrahlt, wovon die kleinen Kristalle angezogen werden.

- Die zwei grundlegenden Kräfte dieses Kristalls sind das Anziehen und das Ansammeln von Neuem oder Neuartigem:
  - Individuen
  - Ideen
  - Möglichkeiten
  - Gelegenheiten usw.

Achte auf die Bedeutung!
Ansammeln [aggregieren] bedeutet *nicht* integrieren, verschmelzen, vereinigen oder vereinnahmen. Ansammeln bedeutet hinzufügen/addieren.

- Der Kristall kann bei Problemen in der Familie, in einer Gemeinschaft oder in Gruppen verwendet werden.
  - Die Energie dieses Kristalls fördert Integration, Anpassung und Einigung innerhalb einer Gruppe sowie den guten Willen der einzelnen Mitglieder.

- Er ist ein hervorragender Lehrer für Menschen, die Verantwortung tragen, die andere um sich sammeln so wie etwa Lehrer, Gruppenleiter und politische oder religiöse Führungspersonen.
  - Er vermittelt den Sinn für Verantwortung, Vertrauenswürdigkeit, Macht, Weisheit, Liebe und Mitgefühl sowie die Gabe der Kreativität und Diplomatie beim Leiten einer Gruppe.
  - Gleichzeitig wirkt er harmonisierend auf die bei Führungspersönlichkeiten oft auftretende Diskrepanz zwischen Selbstüberforderung einerseits und Verlust der eigenen Privatsphäre, des individuellen Raumes andererseits.

- Er arbeitet mit der Energie von Fruchtbarkeit, sowie physisch als auch intellektuell, und schließt die Energien von Wohlstand und Reichtum mit ein.

Kristall-Aggregate

- Hilfreich ist das Arbeiten mit einen persönlichen Kristall-Aggregat, um uns mit uns selbst bzw. unseren Lebenserfahrungen auseinanderzusetzen.

  - Wir haben uns inkarniert, um Lernerfahrungen zu machen.
  - Dafür entwarfen wir in der geistigen Welt eine Art »Lebensplan«.
  - Wir können einen Aggregat-Kristall dazu nutzen, alle Arten von Ressourcen und Möglichkeiten anzuziehen und anzusammeln, die uns das Lernen in diesem Leben vereinfachen und unsere Lernerfahrungen vergrößern.

Beispiele:

TABULARKRISTALL

- Tabularkristalle zeichnen sich durch zwei gegenüberliegende breite Seiten aus, die dem Kristall ein flaches Aussehen geben. Häufig kommen sie als Doppelender vor, seltener wachsen sie mit anderen Kristallen in einer Gruppe.

- Sie unterstützen hervorragend alle inneren und äußeren Kommunikationsprozesse.
  - Ein Tabularkristall klärt Verwirrung, falsche Interpretationen und Missverständnisse.
  - Er ist ein Hauptwerkzeug der Kommunikation mit anderen Daseinsformen wie z. B. mit dem Tier- und Pflanzenreich.

- Er ist *der* Kanal zur Kommunikation mit dem höheren Selbst.

- Seine energetische Frequenz unterscheidet sich vollständig von der der anderen Kristalle. Bis heute ist sein Potential noch nicht zur Gänze erforscht und erkannt.

- Er ist ein sehr seltener, mächtiger und kraftvoller Kristall.

Beispiele:

Kathedralen-Tabularkristall

Tabular-Samenkristall und
Tabular-Doppelender

BRÜCKENKRISTALL

- Bei einem Brückenkristall gibt es einen oder mehrere kleine Kristalle, die einen größeren Kristall teilweise durchdringen. Dabei ist ein Teil des kleineren Kristalls innerhalb des größeren, der andere Teil außerhalb davon.

- Der kleine Kristall kann in den größeren eingewachsen sein oder aus ihm herauswachsen.
  - Das Bild einer »Brücke ins Innere« oder einer »Brücke nach Draußen« repräsentiert die Qualitäten dieses Kristalls.

- Er schlägt eine Brücke zwischen der inneren und der äußeren Welt; zwischen uns und den anderen; zwischen dem inneren Kind und dem Erwachsenen, zwischen Bewusstsein und Unterbewusstsein.

- Die Energie dieses Kristalls unterscheidet sich von der eines Doppelenders: Der Brückenkristall erschafft einen Zugang, einen Weg zu Kommunikation und Verständnis. Der Doppelender löst Blockaden auf bereits existierenden Wegen und stabilisiert die eigentliche Kommunikation, indem er den Energieaustausch und den Energiefluss anregt.

Beispiele:

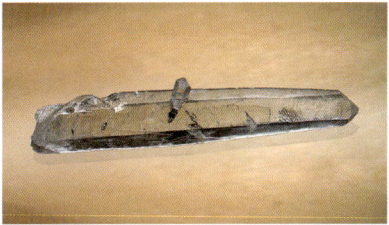

- empfängt und übermittelt sämtliche Energie durch seine beiden Spitzen.

- vereinigt verschiedene Energien und projiziert dann eine neue Energie, welche die Essenz aus der Synthese des Empfangenen ist: Er ist der große Vermittler.

- löst stagnierte Energien.

- fördert die Bewegung, das In-Fluss-Kommen.

- gleicht aus.

- integriert.

- erleichtert die Kommunikation.

- Einige der unzähligen Anwendungsmöglichkeiten dieses Kristalls sind:

- fördert das Verständnis, die Kommunikation und den Gedankenaustausch zwischen zwei oder mehreren Personen.

- gleicht die linke und die rechte Gehirnhälfte aus.

- harmonisiert polare Energien (Yin/Yang) wie z. B. männlich/weiblich, elektrisch/magnetisch.

- löst gestaute Energien in Bindegeweben, Organen, Chakren oder anderen Bereichen des Körpers.

- löst Blockaden in den Meridianen, den vertikalen Hauptbahnen (Konzeptions- und Lenkergefäß) sowie in allen anderen Bahnen, durch die unsere Lebensenergie fließen muss, um unseren Körper gesund und gut versorgt zu erhalten.

- unterstützt Heilungsprozesse, indem er krankmachende Energien durch heilende, stärkende Energien ersetzt.

DOPPELENDER

Zwei kurzprismatische
sowie ein naturgewachsener,
polierter Doppelender

Doppelender aus Mandarinenkristall
und Bergkristall

Eine Kristallgruppe aus Doppelendern
im Detail

MANIFESTATIONSQUARZ

- Charakteristisch für einen Manifestationsquarz ist, dass ein größerer Kristall einen kleineren »beherbergt«.

- Der Manifestationsquarz trägt das Wissen, wie wir unsere Träume, Wünsche, Ziele und Absichten in unserer Wirklichkeit realisieren können, in sich.
  - Er hilft uns, das von uns geistig Erschaffene in der Realität zu verwirklichen.

- Er arbeitet mit der Kraft weiblicher Fruchtbarkeit und mit dem Vermögen, zu zeugen und zu empfangen.

- Er ist ein Symbol der göttlichen Essenz oder des göttlichen Funkens in uns.

Beispiele:

Zwei Beispiele von Manifestationsquarzen, in denen sich ein kleiner Kristall im Körper eines größeren Kristalls gebildet hat.

SAMENQUARZ

 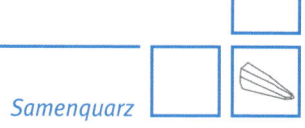
- Samenquarze sind Kristalle mit einer breiten Grundfläche, die sich zur Spitze hin gleichmäßig verjüngen.

- Ihre Wirkung entspricht der eines Pflanzensamens: Sie enthalten die Energie des »Ist-Zustands« und das ganze Potential dessen, was daraus entstehen kann.

- Anwendung des Samenquarzes:
  - pflanzt den Samen einer neuen Idee, eines neuen Anfangs
  - unterstützt an Neujahr unsere zahlreichen Vorsätze und Wünsche für das kommende Jahr.
  - unterstützt den Start eines neuen geschäftlichen Unternehmens.
  - wird bei Frauen verwendet, die schwanger werden wollen: Er hilft den »Samen«, sich in der Gebärmutter einzunisten und dort zu wachsen.
  - fördert die männliche Fruchtbarkeit.

Beispiele:

Samenquarze aus Bergkristall und Citrin. Der Samenquarz unterscheidet sich vom Laserkristall durch die breitere Basis und die gleichmäßige Verjüngung zur Spitze hin.

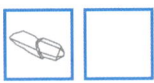

SELBSTHEILERKRISTALL

- Charakteristisch für einen Selbstheilerkristall sind kleine Kristallspitzen, die sich auf einer Bruchfläche gebildet haben, meist jener Seite, die mit dem Muttergestein verbunden war.

- Ausgelöst durch die Trennung von der Matrix oder durch Schädigungen während seines Wachstums setzte dieser Kristall seine Entwicklung fort, indem er kleine Kristallspitzen produzierte, um die ihm innewohnende Vollkommenheit zu erreichen.

- Bei einer anderen Art des Harmoniequarzes geht ein deutlich sichtbarer Bruch durch den Kristall.
  - Der Bruch ist geheilt und die Kristallstruktur ist wieder vollständig.

- Dieser Kristall aktiviert die Selbstheilungskraft und die Regenerationsfähigkeit unseres Körpers sowie unsere Kraft, emotionale Herausforderungen wie den Verlust eines Nahestehenden, den Verlust der Arbeitsstelle oder Depressionen und dergleichen zu überwinden.

Beispiele:

Selbstheilerkristall/Harmoniequarz mit sichtbarem Bruch durch den Kristall

Selbstheilerkristall/Harmoniequarz mit neuen Kristallspitzen auf einer Bruchfläche

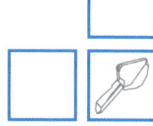
- Bei allen Völkern war das Szepter des Königs/der Königin immer ein Symbol für die Höhere Macht, für die Macht des Göttlichen, für die rechtmäßige, legitime Macht.

- Die große Lehre dieses Kristalls ist es, zu verstehen, dass wir allein die Macht in Händen haben, unsere Wirklichkeit zu erschaffen und zu verändern; dass alles in uns selbst beginnt und endet.

- Er hilft uns, zu erkennen, wie innere Autorität und äußere Erscheinungs-formen zusammenhängen.

- Er führt uns auf den Weg zu uns selbst, zu dem, wer wir wirklich sind, was wir wollen und wie wir uns in der äußeren Welt verwirklichen können.

- Er lehrt uns, unsere Rolle als Erschaffer anzunehmen.

Beispiele:

Szepterquarze

Kristallgruppe
mit Szepter-
quarzen

Szepterquarz-Doppelender

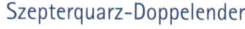

Szepterquarz
mit Rutil

PHANTOMQUARZ

- Phantome in einem Kristall sind Hinweise auf Erfahrungen und Umwandlungen, die der Kristall während seiner Entstehung durchlaufen hat.

- Die Phantomquarze haben in vielen Leben gelernt, wie unterschiedlich die Existenz in der gleichen physischen Form sein kann.

- Sie verkörpern die vielen Lebensphasen, die wir in einem Leben erfahren.

- Sie symbolisieren universelle Weisheit.

- Sie sind Steine der Erde, verwendbar zur Reinigung und Erlösung unseres Planeten.
  - Die Energie des Phantoms vereint Menschen in Aktionen zur Heilung des Planeten.
  - Die Strukturen innerhalb des Kristalls lassen eine dreieckige Pyramidenform erkennen. Diese Struktur ist Urheber der Energie, die dienlich ist für die Heilung, die Erneuerung und das Voranbringen der spirituellen Befreiung der Erde.

- Sowohl geschliffen als auch unbehandelt sind diese Kristalle vorzügliche Energiequellen zur Initiierung eines Heilungsprozesses.

- Phantomquarze sind exzellente Hilfsmittel bei der Meditation und um uns mit höheren Bewusstseinsbereichen zu verbinden.

- Sie tragen das Wissen in sich, das uns hilft, die Existenz der »Welten in den Welten« zu verstehen. Zur Verdeutlichung: Verschiedenen Hüllen gleich wird der stoffliche Körper vom ätherischen Körper, dieser vom astralen Körper, dieser vom mentalen Körper und dieser wiederum vom spirituellen Körper umgeben.

PHANTOMQUARZ

Phantom im Citrin

Schwarzes Phantom

Phantom mit Einschlüssen

Diverse Phantomquarze

PHANTOMQUARZ

- Quarze mit grünem Phantom sind exzellente Pforten jener Heilungsenergie, die eine schnelle Genesung und Erholung ermöglicht.

Beispiele:

Grüner Kathedralen-Phantomquarz

Beispiele von
Quarzen mit grünem
Phantom

Kugel mit grünem Phantom

REGENBOGENKRISTALL

- Wenn das Licht die stoffliche Ebene erreicht, zeigt es sich in unendlicher Vielfalt. Genaugenommen ist alles aus dem Spiel des Lichts entstanden.

- Der Regenbogen ist der höchste Ausdruck des Lichtes, er verkörpert die gesamte Schöpfung.

- Diese Kristalle haben die außergewöhnliche Fähigkeit, den Regenbogen einzufangen: Das ist ein ganz spezielles Geschenk vom Schutzgeist der Kristalle.

- Ein Regenbogenkristall hilft uns dabei, viele Facetten unseres Wesenslichtes zu beleben.

- Er hilft uns, mit Negativität umzugehen, indem er in unserem Bewusstsein die Weisheit bewahrt, dass die Liebe Grundlage aller Lebenserfahrungen ist.

- Ein Regenbogenkristall besitzt eine tiefe und umfassende Heilenergie, da er alle ursprünglichen Strahlen beinhaltet, aus denen der Kosmos geboren wurde.

- Er ist ein wunderbares Instrument, Menschen von Trauer, Kummer oder Depression zu heilen.

Beispiele:

Verschiede Beispiele für Regenbogenkristalle

Eine Kristallgruppe besteht aus mindestens zwei, in der Regel mehreren Kristallspitzen auf einer gemeinsamen Basis. Beim Amethyst spricht man auch von Drusen, wenn die Kristallspitzen einen Hohlraum auskleiden oder von Drusensegmenten bei Bruchstücken einer Druse.

Die einzelnen Kristalle reflektieren das Licht von einem zum anderen und erschaffen dadurch eine kraftvolle Hülle, in der sich alle baden können.

- Das Licht der Aura einer Kristallgruppe oder Druse ist sehr stark.

- Jeder einzelne Kristall projiziert eine spezielle Energie, die jedoch immer mit der Energie der gemeinsamen Basis verbunden ist. Sie alle spielen verschiedene Variationen ein und desselben Themas.

- Jeder einzelne Kristall zeigt in eine andere Richtung, was die Kristallgruppe zum stärksten Instrument der Energieverbreitung und Energiestreuung macht.

Drusen und Kristallgruppen versinnbildlichen Zivilisationen oder Gruppen, die Eintracht und Harmonie erreicht haben, indem sie die Bedürfnisse des Einzelnen berücksichtigt und persönlichen Ziele mit den Bedürfnissen des Ganzen abgestimmt haben, gemäß dem Motto:

>»Einer für alle, alle für einen!«

Die **Basis** repräsentiert dabei die gemeinsame Absicht;

jeder **einzelne Kristall** den individuellen Aspekt jeder Person in einer bestimmten Situation;

und die **Druse/Gruppe** gemeinsam ermöglicht ein harmonisches Zusammenwirken durch das Respektieren des Einzelnen und die Ausrichtung auf ein gemeinsames Ziel.

- Verwendungsmöglichkeiten von Kristallgruppen und Drusen:
  1. Reinigung und Energetisierung von:
     - Räumen/Orten
     - anderen Kristallen
     - diversen Objekten, Uhren, Schmuck und dergleichen

2. Wandlung unerwünschter Energien von:
   - Mikrowellen, Fernsehern, Computern, Handys
   - Abflüssen, Abwasserkanälen, Klärgruben
   - negativen Gedanken und Gefühlen
   - der Anwesenheit niederer Astralwesen
   - negativer seelischer Beeinflussung.

3. Verteilung von Energie:
   - Unter Berücksichtigung der Qualitäten anderer Kristalle wirkt eine Druse wie ein energetischer Verstärker oder Katalysator derselben.
   - In Gruppen, die z. B. in einer Firma zusammenarbeiten, sich zu einer Besprechung treffen, in einer Familie leben usw., verbreitet eine Druse die energetische Qualität von Harmonie, Kooperationsbereitschaft und gegenseitigem Respekt.

4. In therapeutischem Kontext:
   - für eine Körperregion, die harmonischer Energien und Licht bedarf
   - bei der Kristall-Harmonisierung.

Beispiele:

Rauchquarzgruppe

Mandarinenkristall-Gruppe

Rosenkristall-Gruppe

Amethyst-
Drusen-
segment

- Generatorkristalle besitzen eine einzigartige Spitze: sechs gleiche Flächen treffen sich gemeinsam im zentralen Punkt der Kristallspitze.

- Generatorkristalle kanalisieren und sammeln kosmische Energie.
  - Sie sind wahre kosmische Batterien.

- Sie sind hervorragend bei:
  - Meditationen: Sie fördern Klarheit und Konzentration.
  - Sie konzentrieren und verteilen die kosmische Energie auf strategisch wichtige Plätze eines Ortes oder auf das Zentrum eines Mandalas.
  - Sie erschaffen ein Kraftfeld – ein Generatorkristall kann in jeder Ecke eines Raumes, eines Hauses oder eines Grundstücks verwendet werden.
  - Sie reinigen und energetisieren die Aura, die Chakren oder bestimmte Bereiche des Körpers.
  - Sie entstören und aktivieren den energetischen Fluss in den Chakren und den Akupunkturmeridianen.
  - Sie stärken die Heilenergie der Hände.

Beispiel:

 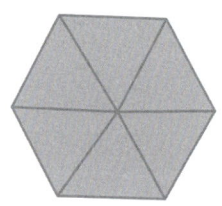 

Kristall mit einer einzelnen Spitze, die aus sechs in einem Punkt endenden Seiten besteht

AHNENKRISTALL

- Ein Ahnenkristall zeigt deutlich ausgeprägte Querriefen auf einer oder mehreren Seitenflächen, die manchmal Runzeln, Kratzern oder einem eingeprägten Barcode gleichen.

- Manchmal erinnern zerknitterte Oberflächenstrukturen auch an Markierungen oder eine hieroglyphenähnliche Schrift.

- Diese Kristalle enthalten Informationen aus dem alten Ägypten, Lemurien, Altlantis oder anderen Ahnenorten des Universums.

- Sie wurden in den Heiltempeln dieser Zivilisationen verwendet, und ihre Markierungen beinhalten Informationen ihrer Lebenserfahrungen, vor allem im Bezug zu verschiedenen Methoden der Heilung.

- Diese archivierten Informationen können in Übereinstimmung mit einer dieser beiden Absichten abgerufen werden:
  - Die im Kristall gespeicherte Methode dient unserer eigenen Heilung und Entwicklung.
  - Die im Kristall gespeicherte Methode dient dazu, andere Menschen zu heilen bzw. ihnen bei ihrer Entwicklung zu helfen.

Beispiele:

Ausgeprägte Runzeln oder barcodeähnliche Querriefen

Zerknitterte, an Schriftzeichen erinnernde Oberfläche

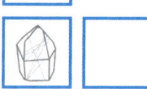

RUTILQUARZ

- Rutil ist ein in Quarzen häufig vorkommendes Einschlussmineral.

- Rutil verstärkt die Eigenschaften des Kristalls.

- Rutilquarze sind sehr kraftvolle Beschleuniger, da sie elektromagnetische Energie erzeugen und ableiten können. Diese elekromagnetische Energie beschleunigt, aktiviert und entwickelt das gerade anstehende Thema.

- Rutilquarz fördert die Öffnung, das Wachstum und die Expansion jedes Weges.

- Er löst alle möglichen Arten äußerer Behinderungen und/oder eventuelle innere Interferenzen auf.

- Rutilquarz reinigt und harmonisiert die Aura, dissonante Energien werden von ihm abgewiesen.

- Rutilquarze zählen zu den wenigen Kristallen, die gleichzeitig auf den physischen, ätherischen und emotionalen Körper wirken.

- Rutilquarz führt uns bis zum Ursprung, zur eigentlichen Ursache eines Problems:
  - Er arbeitet wie eine programmierte Sonde: Er durchsucht uns innen und außen, bis der Kern des Problems gefunden ist.
  - Die Nadeln des Rutils sprengen den verdichteten/kristallisierten Kern der Energie, die das Problem verursacht, und lösen seine Entleerung aus.
  - Von da an können Therapien und Lösungen frei und beschleunigt wirken.

- Rutilquarze vergrößern unsere Kreativität und Manifestationskraft.

- Rutile können auch isoliert (ohne Quarz) in der Natur gefunden werden.

- Bisher bekannte Farben des Rutils sind: rot, kupfer, gold, silber, schwarz, blau, gelb, weiß, grün, rosa und violett.

RUTILQUARZ

Rutilquarz

Achtung:
Da Rutilquarze mächtige Erschaffer und Leiter elektromagnetischer Energien sind, ist von einem allzu langen Gebrauch als Schmuckstück abzuraten, da dieses auf Dauer Unruhe, Ängstlichkeit, Herzrasen, Kopfschmerzen und Schwindel verursachen kann und die Wahrscheinlichkeit deutlich erhöht, elektrische Schläge von Autos, Kühlschränken und dergleichen zu bekommen.

Beispiele:

Rutilquarz-Kristallgruppe

Rutilquarz-Kristallgruppe

61

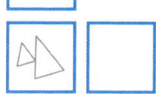

SPEICHERKRISTALL

- Ein Speicherkristall zeigt ein oder mehrere deutlich sichtbare, reliefartig erhabene Dreiecke auf einer oder mehreren Spitzen- oder Seitenflächen.

- Diese Kristalle können Äonen lang Weisheit speichern und so uraltes Wissen sowie tiefe Geheimnisse des Universums offenbaren.
  - Jedes Dreieck, das sich reliefartig aus dem Kristall erhebt, ist ein Auge des Kristalls und ein Tor zu großartiger Weisheit.

- Speicherkristalle besitzen Informationen über die Seele der menschlichen Spezies und über all das, was in dieser Wirklichkeit jemals existiert hat oder derzeit existiert.

- Sie wurden bewusst und voller Absicht von jenen Wesen programmiert, welche die Bedingungen für die Evolution des menschlichen Lebens auf der Erde erschufen, oder auch von ihren Nachfahren, den Lemuriern und den Atlantern.
  - Diese entwickelten Wesen kamen von sehr weit jenseits unseres Sonnensystems auf die Erde, um die Entstehung der ersten Menschheit zu begründen.
  - Sie wollten die ihnen bekannten Geheimnisse des Universums bewahren, um den Menschen, sobald sie bereit sind, das kosmische Wissen zu vererben.
  - Diese Kristalle wurden eigens ausgewählt, um mit wahren Galaxien von Informationen programmiert zu werden, und anschließend in die Tiefen der Erde verbracht. Sie werden schließlich zur passenden Zeit an die Oberfläche kommen, um dann von der richtigen Person genutzt zu werden.

- Die Speicherkristalle »kommen« zu uns. Oft geht ein Kristall durch viele Hände, und plötzlich manifestiert sich das Dreieck, wenn der Kristall in den Händen bzw. in Kontakt mit einer bestimmten Person ist.

- Der Speicherkristall fördert die Selbstverwirklichung jedes Einzelnen durch einen Entwicklungs- und Heilungsimpuls.

- Er unterstützt die Integration höherer Erkenntnis, Weisheit, Friede und Liebe für diesen und andere Planeten.

- Der Umgang mit einem Speicherkristall bringt eine sehr große Verantwortung mit sich.
  - Die empfangenen Informationen können sehr verschieden sein von dem, was wir je gesehen oder erlebt haben.
  - Es können Daten existieren, die keinerlei Bezug zum stofflichen Leben des Planeten Erde haben.
  - Der Empfänger benötigt mentales Training, um offen zu sein für unvorstellbare Thesen und um in der Lage zu sein, diese in irgendeiner Art und Weise in sein Leben zu integrieren.
  - Der Sinn, all diese außergewöhnlichen Informationen aufzunehmen, besteht nicht in der Flucht vor dem irdischen Dasein, sondern vielmehr im Integrieren höherer Weisheit, Liebe und Frieden auf unserem Planeten.

Beispiele:

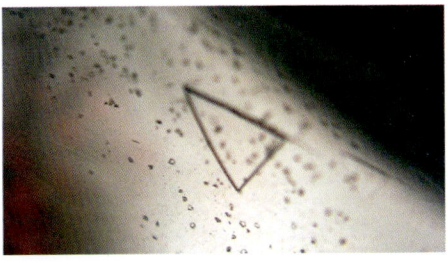

Detailfoto mit eingerahmten Dreiecken zur besseren Erkennung

Beispiele verschiedener Speicherkristalle

DREIECKSKRISTALL

Dreieckskristall

- Ein Dreieckskristall ist ein Kristall mit kleinen Dreiecken, die nach oben, zur Kristallspitze, sowie nach unten, zur Basis des Kristalls, zeigen.

- Die Dreiecke sind natürlich gewachsen und wie in einem Relief erhaben oder vertieft.

- Diese Kristalle kommen aus Brasilien und sind heutzutage sehr selten.

- Dreieckskristalle wurden »berühmt« als Jane Ann Dow (gemeinsam mit Katrina Raphael eine Pionierin auf dem Gebiet des metaphysischem Wissen der Kristalle) begann, sie bei Menschen einzusetzen, die das Ende ihres Lebens erreicht hatten.

- Der Dreieckskristall ist ein Initiations-Kristall (vielleicht der einzigste).

- Er stellt einen Zugang zum Überbewussten her: Die »Kette« der Dreiecke verbindet unser Bewusstsein mit dem Überbewussten.

- Er lehrt uns, uns selbst und alle Lebewesen aus einer spirituellen Perspektive zu verstehen.
  - Jedes Dreieck ist ein Schlüssel zum Erwerb von Weisheit in diesem und in anderen Leben.

- Anwendung:
  - wenn wir gerufen werden, unsere Seelenreise anzutreten.
  - zur Festigung neuer Bewusstseinsstrukturen
  - im Prozess des Sterbens (Dreiecke nach oben gerichtet): der Übergang von der Materie zum Geist
  - während der Schwangerschaft, der Entbindung und in den ersten drei Lebensmonaten des Säuglings (Dreiecke nach unten gerichtet): heißt den Neuankömmling willkommen.

DREIECKSKRISTALL

Beispiele von Dreieckskristallen, deren Oberfläche von Dreiecken erfüllt ist

POWERKRISTALLE

Die unterschiedlichen Kristallformen, die ich in diesem Kapitel besprochen habe, kann es in verschiedenen Quarzen geben: in Amethyst, Citrin, Bergkristall, Rauchquarz, Mandarinenkristall oder Rosenkristall – die noch dazu Rutil enthalten können.

Auch gibt es Exemplare, die zwei oder mehr spezielle Charakteristiken zugleich ausgebildet haben; diese habe ich »Power-Kristalle« getauft.

Es ist wichtig, die verschiedenen Charakteristika der Kristalle gründlich zu erforschen, um bei ihrer Anwendung das beste Ergebnis zu erzielen. Ich werde Ihnen einige Beispiele vorstellen, jedoch ist die Deutung immer sehr persönlich und vom »Augen-Blick« des Betrachters abhängig.

Die Assoziationen und Wirkungen der Kristalle richten sich nach dem Fokus, den der Einzelne beim Betrachten des Kristalls gewählt hat: Das können die verschiedenen Eigenschaften einer einzelnen Kristallform sein (z. B. eines Fensterkristalls), es kann die betreffende Erscheinungsweise sein (z. B. ein Doppelender oder eine Kristallgruppe) oder es kann die Quarzart an sich sein (Bergkristall, Amethyst, Mandarinenkristall u. a.).

Beispiel: Ein Isiskristall in verschiedenen Quarzarten

a) in einer Rauchquarzspitze: Die Energie der Göttin (Isis) ist auf der materiellen Ebene verankert (Rauchquarz). Verwendet werden kann dieser Kristall für das Lösen von Negativität und Blockaden, welche die Manifestation dieser Energie in unserem Leben verhindern, sowie zum Aufbau einer Struktur, welche die Integration des Isis-Prinzips in unserem Leben ermöglicht.

b) in einer Rauchquarzspitze mit Rutil: Die Eigenschaften des Rauchquarzes sind hier verstärkt, so dass dieser Kristall gut bei Fällen eingesetzt werden kann, bei denen stärkere Blockaden und/oder Negativität vorliegen und /oder die Notwendigkeit besteht, die Energie der Göttin beschleunigt empfangen und integrieren zu können.

c) in einer Bergkristallgruppe: Diese kann einer Gruppe von Menschen oder einer Familie helfen, die Geschenke der Göttin anzunehmen, wie Beständigkeit, Bestimmung, Kraft der Selbstüberwindung...

d) in der Spitze eines Bergkristall-Doppelenders: Festigt die Beziehung, die Übereinstimmung oder den Austausch der eigenen Energie mit der Energie der Göttin.

Isiskristall–Doppelender

Rauchquarz-Isiskristall

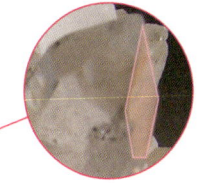

Bergkristalldruse mit
Isiskristall

Nun lassen Sie uns ein noch komplexeres Beispiel betrachten: eine Bergkristallgruppe, die eine Isis-Fläche und ein Fenster hat.

Wir haben hier einen sehr speziellen und kraftvollen Kristall vor Augen. Wie können wir so viele unterschiedliche Qualitäten in einem einzigen Kristall interpretieren?

Eine der Interpretationsmöglichkeiten könnte sein: Dies ist ein Stein ideal zur Unterstützung einer Gruppe von Menschen (Kristallgruppe), vielleicht einer Studiengruppe, die sich auf den Weg begeben hat, in ihrem Selbst, ihrem Inneren (Fensterkristall) die Präsenz der Göttin oder den weiblichen Aspekt von Gott (Isis) zu suchen.

Weitere Beispiele:

Bergkristall: Kristall-Aggregat, Brückenkristall, Regenbogenkristall, Selbstheiler

Bergkristall: Kathedralenquarz, Brückenkristall, Doppelender

Meine persönlichen Erfahrungen

Kristalle sind sehr starke Instrumente, um uns mit uns selbst und mit dem Universum zu verbinden, aber bedenken Sie immer: Die größte Kraft ist in Ihnen selbst.

Übertragen Sie Ihre Kraft an nichts und an niemanden! Arbeiten Sie mit Ihrem Herzen, mit Ihrer Intuition, Ihren Gefühlen und Ihrer Vorstellungskraft!

Lieber Leser, im Folgenden möchte ich Ihnen gerne aufzeigen, wie ich die Energien dieser Kristalle in meinem täglichen Leben verwende. Ich möchte Sie erneut daran erinnern, dass es weder Rezepte und noch weniger absolute Wahrheiten im Umgang mit Kristallen gibt.

Die Beziehung mit den Kristallen ist persönlich, da sie mit der Seele jedes einzelnen von uns »reden«. Das ist der Grund, warum ich den individuellen Standpunkt und die Intuition eines jeden wertzuschätzen und zu respektieren lernte.

Zu Hause habe ich hauptsächlich Kristallgruppen und Drusen. Insbesondere Bergkristallgruppen und Amethystdrusen, da ihre Wirkungsweise darin liegt, negative oder stagnierende Energie aufzulösen und dafür die positive Energie von Licht und Harmonie zu verbreiten.

Amethystdrusen

Amethyst ist ein Repräsentant des Mineralienreiches, der den Siebten Strahl, den das Scheitel-Chakra betreffenden violetten Strahl konzentriert und verkörpert. Dessen Qualitäten sind: Befreiung, Transformation, Umwandlung, Schutz, Mitleid und Mitgefühl.

Wie ich sie verwende:

a) im Badezimmer:
- Standort: ein Drusensegment in 10 cm Abstand oder so nah wie möglich zur Toilettenschüssel;
- Absicht: transformieren und umwandeln von »abgeschlossenen, ausgeschiedenen Energien«.

b) im Schlafzimmer:

- Standort: ein Drusensegment in 10 cm Abstand zum Kopfende des Bettes, auf dem Boden oder Nachttisch. Bei Doppelbetten ein Drusenstück neben jedes Kopfende.
- Absicht: fördert einen guten Schlaf

- Standort: ein größeres Drusenstück von mindestens 10 cm Größe, wenn möglich etwas höher plaziert, zum Beispiel auf einem Regal. Eine andere Option wäre die dem Bett gegenüberliegende Ecke.
- Absicht: gibt Schutz und höhere Energie während des Schlafes

c) im Wohnzimmer:

In diesem Teil meines Hauses habe ich eine große Bergkristallgruppe von 20 x 50 cm auf einen strategischen Platz gestellt, mit der Absicht, das Zusammenleben von zwei oder mehreren Personen zu harmonisieren und zugleich die Individualität eines jeden zu respektieren.

d) andere kritische Orte
1. Computer/Fernsehgeräte
- Standort: eine Bergkristallgruppe oder Amethystdruse bzw. ein Drusensegment von etwa 10 cm Größe in der Nähe des Bildschirms.
- Absicht: zerstreuen, umwandeln und verwandeln schädlicher elektromagnetischer Energien sowie das Verbreiten von positiver Energie.

2. Mikrowellengeräte
- Standort: eine Bergkristallgruppe oder Amethystdruse bzw. ein Drusensegment von ca. 10 cm Größe auf der Mikrowelle – oder so nah wie möglich – plazieren.
- Absicht: zerstreuen, umwandeln und verwandeln schädlicher elektromagnetischer Energien sowie das Verbreiten von positiver Energie.

[In diesem Kapitel spricht die Autorin ausdrücklich von eigenen Erfahrungen. Gerade in Bezug auf die Entstörung von Strahlenquellen muss daher darauf hingewiesen werden, dass diese je nach Art, Anordnung und Kombination technischer Geräte im Umfeld völlig unterschiedlich sind. Eine sorgfältige Entstörung sollte immer auf die individuelle Situation abgestimmt werden. Daher ist auch die Wirkung von Steinen bei diesen Anwendungen immer kritisch zu überprüfen. Weitere Informationen zum Thema finden Sie bei Barbara & Peter Newerla, »Strahlung und Elektrosmog«, Neue Erde. – Anmerkung des Lektors]

Ein Kristall-Altar

Wie Sie sich wahrscheinlich vorstellen können, besitze ich unzählige Kristalle.

Im Schamanismus habe ich gelernt, einen Altar zu errichten, einen besonderen Ort, wo ich alles aufbewahre, was mir heilig ist, alles, was mir das Gefühl gibt, mit dem Schöpfer, der Schöpfung und dem Leben verbunden zu sein. Ich habe dieses Wissen auch den Kristallen übermittelt.

Auf dem Regal, auf dem meine Steine ausgebreitet sind, habe ich einen besonderen Platz für meine ganz persönlichen Kristalle. Das sind die Kristalle, die mich tief berühren und die nur von mir selbst verwendet werden. Dorthin stelle ich auch jene Kristalle, mit denen ich im Moment arbeite.

Beispiel für einen Altar

Den höchsten Platz meines Altares, sozusagen seine Spitze, nimmt ein Kathedralenquarz ein. Ich habe ihn dort mit der Absicht plaziert, diesen Ort als meinen heiligen Raum zu kennzeichnen. Um den Kathedralenquarz herum habe ich alle anderen Kristalle geordnet.

Einige Beispiele:

- Ein Isis-Kristall versinnbildlicht meine Verbindung mit der Energie der Göttin, mit dem weiblichen Prinzip.
- Ein Tabular-Kristall, der auch selbstheilend wirkt, symbolisiert Erholung und die Rückbesinnung auf mich selbst, auf mein höheres Selbst.
- Ein Selbstheilerkristall/Harmoniequarz stellt die Aktivierung meiner Selbstheilungskräfte, meine Regenerationsfähigkeit und meine Kraft zur Selbstüberwindung dar.
- Ein Fensterkristall: Er ist »mein« Spiegel für meine Seele.
- Ein Szepterquarz symbolisiert meinen Lernprozess des Verstehens, Akzeptierens und Übens, mit meiner Kraft meine Wirklichkeit zu erschaffen.
- Ein Dow-Kristall mit Phantom verkörpert und erinnert mich daran, dass die Vollkommenheit allem Existierenden innewohnt, einschließlich meiner eigenen potentielle Vollkommenheit.

- Ein Kristall-Aggregat auf einem Doppelender ist eigens ausgesucht, um mir in meiner Position des »Meinungsmachers« bei allen Kursen und Vorträgen in der richtigen Art und Weise zu helfen.

Mit dieser Zusammenstellung verbinde ich verschiedene Absichten:
- Möge das Universum mir alle inneren und äußeren Hilfsmittel geben, damit ich die »Medizin des Mineralienreiches« auf heilige Art und Weise übermitteln kann.
- Möge ich die Weisheit haben, in stetigem Gleichgewicht zwischen Verantwortung und Überlastung zu sein, mit anderen Worten: möge ich erkennen, ob ich jemandem helfe oder ihn bzw. sie »trage«.

Kristallgruppierungen, die einem besonderen Zweck dienen

Ich arrangiere einige Kristalle auf bestimmte Art und Weise, um wichtige Bereiche meines Lebens zu unterstützen:

Liebe und Beziehung:
Neben ein Foto von meinem Partner und mir lege ich:

- einen Tantrischen Kristall für den inneren Lernprozess in einer tiefen und wahrhaftigen Beziehung: einer Beziehung zwischen zwei Seelen.
- einen Doppelender für die Verbesserung der verbalen und energetischen Kommunikation.
- einen Brückenkristall, auf dass er unsere Körper, unsere Herzen, unseren Geist und unsere Seelen gleich einer Brücke verbindet.
- einen Selbstheiler/Harmoniekristall für die stetige Bereitschaft zur Veränderung, Verjüngung, Umgestaltung und Erneuerung der Beziehung.
- einen Rauchquarz, der uns hilft, eine beständige und verlässliche Beziehung aufzubauen.

Wohlstand:

- viele, viele Citrine
- einen Mandarinenkristall-Doppelender für die Gewährleistung eines freien und kontinuierlichen Flusses zwischen mir und dem Wohlstand
- eine Mandarinenkristallgruppe: Wohlstand für alle.

Schutz:

- einen Rauchquarz
- einige Rutilquarze, besonders diejenigen mit dunklem Rutil
- einige Laserkristalle, deren Spitzen nach außen gerichtet sind, die einen Halbkreis um die oberen Quarze bilden, um einen »unsichtbaren Raum« zu schaffen.

Sie können auch Gruppierungen für bestimmte Ziele anderer Personen gestalten oder für eine Situation, die Sie verändern möchten.

Wenn es sich um eine Person handelt, legen Sie ein Foto der Person oder ein unliniertes Blatt Papier mit dem vollständigen Namen und den Daten des Geburtstags in die Mitte der Kristallgruppe.

Für eine bestimmte Situation legen Sie einen Gegenstand, der die Situation repräsentiert, in die Mitte. Das kann ein Foto, ein Brief, eine Anzeige oder etwas Ähnliches sein. Oder Sie beschreiben die Situation auf ein Blatt Papier (dann muss es nicht unliniert sein).

Verlassen Sie sich beim Auswählen der Kristalle auf Ihre Intuition.

Vielleicht können Ihnen die folgenden Vorschläge am Anfang hilfreich sein:

- Setzten Sie alle Kristalle ein, die Ihrem Gefühl nach Ihre Absicht unterstützen.
- Setzen Sie sich bequem vor die Kristalle und schließen Sie die Augen.
- Atmen Sie tief ein und aus, bis Sie entspannt und klar gegenwärtig sind.
- Mit noch immer geschlossenen Augen konzentrieren Sie sich visualisierend auf die Person oder Situation und auf Ihre Absicht. Haben Sie keine Eile. Vertiefen Sie sich in die Vision.
- Wenn Sie sich bereit fühlen, öffnen Sie langsam die Augen und betrachten Sie eingehend die Kristalle, ohne etwas zu erwarten oder zu befürchten.
- Sie werden das Bedürfnis oder den Impuls spüren, einen oder mehrere Kristalle in die Hand zu nehmen. Tun Sie das.

- Fahren Sie fort, die Kristalle kontemplativ zu betrachten, bis Sie spüren, alle ausgewählt zu haben, die für Ihre Arbeit wesentlich sind.
- Arrangieren Sie die ausgewählten Kristalle in einer für Sie stimmigen Ordnung an einem separaten Platz.
- Energetisieren Sie die Gruppierung in einer Ihnen entsprechenden Weise (durch ein Gebet, Reiki udgl). Am wichtigsten ist die Vorstellung, dass das Licht der Kristalle die Person oder die Situation umgibt und durchdringt.
- Nehmen Sie sich hin und wieder die Zeit, die Kristall-Gruppierung kontemplativ zu betrachten.

Zur Reinigung der Kristalle und des Ortes

- Sie können Ihre Kristalle jederzeit neu arrangieren. Verlassen Sie sich auf Ihr Gefühl, wenn Sie den Impuls haben, Kristalle wegzunehmen oder neue hinzuzufügen.
- Energetisieren Sie die Gruppierung wieder, wenn Sie diese neu geordnet haben.
- Wenn Sie das Gefühl haben, dass der Zweck das notwendige Licht empfangen hat, entfernen Sie die Gruppierung.
- Reinigen Sie die Kristalle in fließendem Wasser und lassen sie diese ein oder mehr Tage im Freien, gemäß dem, was die Kristalle Ihrem Gefühl nach brauchen.

LETZTE ANMERKUNGEN

Lieber Leser!

Ich möchte Sie gerne nochmals auf ein paar wichtige Punkte aufmerksam machen:

- Kristalle sind nur Instrumente, zweifellos sehr mächtige, aber dennoch nur Hilfsmittel,
  - und wie jedes Instrument oder Werkzeug, sind sie nicht unbedingt nötig. Jedoch vereinfachen sie viele Dinge.
  - Wenn Sie einige Zeit mit Ihren Kristallen gearbeitet haben und dann entdecken, dass Sie dieselben Wirkungen mit der gleichen Effizienz auch ohne Kristalle erreichen –phantastisch! Lassen Sie die Kristalle auf dem Regal oder in der Vitrine, freuen Sie sich weiterhin an ihrer Schönheit und setzen Sie auf Ihre Weise einfach Ihre Arbeit fort.

- Es gibt kein Falsch oder Richtig, keine absolute Wahrheit auf keinem Gebiet, am wenigsten in dem der Arbeit mit Kristallen.
  - Versuchen Sie vor allem, Ihrer Intuition zu vertrauen: Wenn Sie einen starken Impuls spüren oder einen klaren Hinweis für einen Kristall erkennen, ist dies viel mehr wert als alles, was Sie gelesen, studiert oder gehört haben. Dies gilt auch entgegen allen Regeln.

- Wenn wir an etwas mit Gewissheit glauben, es für uns absoluten Sinn macht, wird es funktionieren – und nur dann!

- Jeder von uns kann und soll seine eigenen Methoden entwickeln, Kristalle zu verwenden.

BIBLIOGRAPHIE

Bravo, Brett: *O segredo dos cristais – Um Guia Prático*, São Paulo, Editora Pensamento, 1997

Cavalcanti, Virgínia: *Cristal não é aspirina*, São Paulo, Editora Objetiva, 1993

Cunningham, Scott: *Crystals Encyclopedia, precious stones and metals*, São Paulo, Editora Gaia, 2005

Duncan, Antônio: *O Caminho das Pedras*, Rio de Janeiro, Editora Nórdica, 1998

Melody: *Love is in the Earth, a Kaleidoscope of Crystals – Updated*, Colorado, Earth-Love Publishing House, 2004

Raphaell, Katrina: *Wissende Kristalle*, Interlaken, Ansata, 1987

Raphaell, Katrina: *Heilen mit Kristallen*, München, Knaur, 1988

Raphaell, Katrina: *Botschaft der Kristalle*, Saarbrücken, Neue Erde 1997

Kursmaterial und Vorträge von Claudine Camas: Claudine Camas, Rua Augusta 2690 CJ 316, São Paulo, CEP 01412-100, Brasilien

NEUE ERDE im Buchhandel

Neue Erde ist ein kleiner unabhängiger Verlag, und der unabhängige Buchhandel ist unser natürlicher Partner. Wir unterstützen die Initiative »buy local«.

Sollte es Lieferschwierigkeiten bei den Büchern von NEUE ERDE geben, lassen Sie immer im VLB (Verzeichnis lieferbarer Bücher) nachsehen, im Internet unter **www.buchhandel.de**

Alle lieferbaren Titel des Verlags sind für den Buchhandel verfügbar.

Auch mobil können Sie, zum Beispiel mit LChoice, unsere Bücher beim örtlichen Buchhändler kaufen.

Sie finden unsere Bücher auch auf unserer Homepage **www.neue-erde.de** oder in unserem Gesamtverzeichnis, welches Sie gerne hier anfordern können:

NEUE ERDE GmbH
Cecilienstr. 29 · 66111 Saarbrücken
info@neue-erde.de